꽃이 지는 동안 우리는

꽃이 지는 동안 우리는

초판 1쇄 발행 2025. 2. 14.

지은이 지서희
펴낸이 김병호
펴낸곳 주식회사 바른북스

편집진행 황금주
디자인 김민지
표지 그림 김진주

등록 2019년 4월 3일 제2019-000040호
주소 서울시 성동구 연무장5길 9-16, 301호 (성수동2가, 블루스톤타워)
대표전화 070-7857-9719 | **경영지원** 02-3409-9719 | **팩스** 070-7610-9820

•바른북스는 여러분의 다양한 아이디어와 원고 투고를 설레는 마음으로 기다리고 있습니다.

이메일 barunbooks21@naver.com | **원고투고** barunbooks21@naver.com
홈페이지 www.barunbooks.com | **공식 블로그** blog.naver.com/barunbooks7
공식 포스트 post.naver.com/barunbooks7 | **페이스북** facebook.com/barunbooks7

ⓒ 지서희, 2025
ISBN 979-11-7263-957-0 03810

•파본이나 잘못된 책은 구입하신 곳에서 교환해드립니다.
•이 책은 저작권법에 따라 보호를 받는 저작물이므로 무단전재 및 복제를 금지하며,
이 책 내용의 전부 및 일부를 이용하려면 반드시 저작권자와 도서출판 바른북스의
서면동의를 받아야 합니다.

지 서 희

호수냐며, 강이냐며

내겐 상관없었다

그저 흘러가는 대로의 마음일 뿐

그저 흘러내리는 눈물일 뿐

그저 녹아내리는 나의 심장일 뿐

인스타그램 seo.lines

목차

시인의 말

1부

붉은 노래와 강의 속삭임,
사랑의 두 얼굴

사랑의 숨결 · 12

강의 소리 · 14

고래의 숨결 · 16

햇살이 빚은 붉은 노래 · 18

산자락의 붉은 입술 · 20

흰빛의 사랑 · 21

연분홍 언덕 아래 · 22

작은 나무의 무한함 · 23

강의 두 얼굴 · 24

쉿물 · 26

풋복숭아 · 27

2부

첫사랑,
별빛 아래 잠든 그리움

가슴에 스민 이름 · 30

꽃비 아래서 · 32

첫사랑 · 34

향수 · 36

흐르는 빈자리 · 38

별빛에 스민 밤 · 40

안개에 잠든 그리움 · 42

지워진 자취 · 44

녹아 버린 기억 · 46

밤을 태운 약속 · 48

추억의 길 · 50

꿈에 · 52

3부

오래된 기다림의 끝,
마당 아래 핀 눈물의 기억

끝없는 목마름 · 54

오래된 기다림 · 56

흙 아래 시간 · 58

두 손길의 흔적 · 60

희생 · 62

남겨진 길 · 64

시간이 새긴 얼굴 · 66

정조 · 68

먹색 너머의 기억 · 70

마당에 핀 눈물 · 71

4부

밤의 허를 가로지르는
풀리지 않는 이야기

마음을 다해 흐르다·74

풀리지 않는 멜로디·76

그저 나의 아비였을 뿐·78

새의 침묵·80

뱀의 혀·82

애련·84

지우개·86

가면의 틈·88

나만 남은 그림자·90

붉은 안개꽃·92

5부

바다의 기억, 별의 흔적

꽃게의 인생 · 96

빛을 삼킨 그물 · 98

행복의 흔적들 · 100

눈물의 지워진 말 · 102

마음의 귀 · 104

떠나간 날갯짓 · 106

노을빛 연서 · 108

지서희 시인의 「꽃이 지는 동안 우리는」
낭만의 시대를 다시 열다 · 110

이지선(시인)

시인의 말

너도 알고 있었고,
나도 알고 있었다.

우리가 이 생에서는 서로 닿을 수 없다는 것을

그리고 그 먼 어느 날

텅 빈 허공에서야
우리는 서로를 이해할 것이다.

우리가 사랑했었던 적은 없다.

우리가 사랑했었던 날은,

우리가 헤어지던 그날이었다.

1부

/

붉은 노래와 강의 속삭임,
사랑의 두 얼굴

사랑의 숨결

어디서부터 왔을까
어디로 가려는 걸까

바람결 따라 물결처럼 흘러왔나
꽃 내음 품고 이른 봄 길을 건너왔나
따사로운 햇살 끝자락에 실려 왔나

가만히 스며드는 분홍빛은
어느덧 사방을 감싸안고
바람조차 숨을 죽이네

어디서부터 왔을까
어디로 가려는 걸까

분홍빛 바람 머무는 이곳
사랑도 그 빛에 스며 잠드네

강의 소리

발끝에 닿은 강물은
가만히 숨을 고른다

찰랑이는 떨림 하나,
내 안의 고요를 건드린다

물결은 허리께를 스치며
차갑게, 그러나 다정하게
세월의 속삭임을 전하고,
흐름은 멈추지 않는다

눈을 감으면 들려오는
강물의 묵직한 노래,
적막마저 흐르는 시간 속에
나는 잠시 떠밀린다

쉼 없이 흐르는 강물처럼,
나도 내 삶을 띄워 보네
흐름 끝에 기다리는 바다처럼,

마음은 더 깊이 흘러가리라

고래의 숨결

심연을 가르며 솟구치는 거대한 숨결,
고래의 존재가 바다 위로 드러난다

숨비소리처럼 터져 오른
희망의 물기둥은
하늘을 향해 분출되고,

밤이면 별빛을 품은 고래는
어둠의 비늘을 가르며 유영한다

은하수처럼 흩뿌려지는 물줄기
그것은 바다와 하늘을 잇는 춤이자,
고요 속에 새겨진 그의 노래다

고래의 숨결은 바다의 심장,
그의 존재는 찰나를 영원으로 물들이며
어둠에 빛을 새긴다

햇살이 빚은 붉은 노래

여름의 햇살을 머금은 포도나무여
초록 잎새 사이로 흐르는 숨결,
알갱이마다 작은 생이 영근다

햇빛이 스미고 바람이 스칠 때
서서히 물드는 붉은 몸,
세월은 그늘과 햇빛을 번갈아 주며
시간 속에 노래를 익힌다

사랑이여, 이별이여,
기쁨과 슬픔의 무게여
포도알은 터지고 흘러내려
붉은 와인 한 잔이 된다

적막한 순간조차 피워 낸 그 빛깔,
한 모금에 스민 세월은
찬란한 아픔이 되어 흘러간다

마침내 잔을 가득 채우는 붉은 노래,

영원의 시간 속에서
찬란히, 그리고 조용히

산자락의 붉은 입술

앙상한 나뭇가지 위
하얀 눈꽃이 피어날 때,
모두는 그 하늘만 바라본다

산자락 그늘진 틈새에
붉은 꽃 하나,
살며시 입술을 열어
조용히 땅을 적신다

다가서면 터지는 온기,
흙 위로 떨구는 생의 고백

눈 속에 숨었다 다시 피는
붉은 심장,
꺼지지 않는 작은 생의
맹렬한 외침이리라

흰빛의 사랑

풀 내음 짙은 숲길 위,
너와 나는 서툰 발걸음으로
나란히 걷는다
바람이 지나간 자리마다
풀잎들이 작은 속삭임을 흘리고,
서로의 그림자가 길게 겹쳐진다

꽃향기 머무는 꽃밭 어귀,
너와 나는 어느새 다정한 나비가 되어
가볍게 흔들리는 꽃잎 위를 맴돌았다
햇살이 내린 꽃밭의 경계를 넘어서
자유로운 날갯짓으로 나아가며,

마침내 우리는 서로에게 물든
연리지가 되어
한 몸처럼 뿌리내리고,
바람도 햇살도 멈춘 그 자리에서
흰빛의 사랑으로 조용히 피어나리라

연분홍 언덕 아래

이슬비에 젖은 작은 손바닥 위로
길 잃은 빗방울들이 내려앉는다

연분홍 언덕 아래,
빗물이 모여 흐르며
작은 물길을 만들고
웅덩이는 서서히 깊어 간다

그 웅덩이에 비친
가냘픈 아이의 얼굴,
두 뺨 위로는
제 길을 찾은 장대비가
조용히 쏟아지고 있었다

빗물처럼 흘러내린 감정들,
언덕 아래 고인 물웅덩이엔
그 아이의 마음이 잠들어 있었다

작은 나무의 무한함

펜 끝이 종이 위를 흐르며
마음의 결을 새긴다

눈물 한 방울 떨어지면
종이는 조용히 그것을 품어 내고,
어떤 말은 연서가 되어
그리운 이에게 닿는다

한 장의 종이에 담긴
희로애락의 무게는
나무 한 그루가 품은
시간의 나이테와 같으리라

잘린 가지 끝에서도
무한한 이야기가 피어나는 것처럼
나는 기억하리라,
종이 한 장이 품은
작고도 무한한 생의 흔적을

강의 두 얼굴

노인은 물 위에 노를 저으며
한 줌 희망을 강에 띄웠다
물결은 그 노력을 품어 안아
먼 어딘가로 실어 나른다

하지만 강둑에 선 누군가는
절망을 움켜쥔 손을 펴며
강물에 조용히 던진다
그 무게를 이기지 못한 강은
잠시나마 깊게 가라앉는다

강은 흐르지만,
희망과 절망은 같은 물결 위에서
서로 다른 그림자를 남긴다

노인이 띄운 희망은 끝없이 퍼져 가고
누군가의 절망은 강물 속 깊이 가라앉아
물결 하나하나에 이야기를 새긴다

한쪽은 살기 위해 노를 젓고,
한쪽은 지우기 위해 던진다
그러나 강은 모든 것을 담아
묵묵히 흘러갈 뿐이다

강물은 흔적을 지우듯 흐르지만,
그 위엔 여전히 남아있다

희망의 잔상과 절망의 무게가
끝없이 얽힌 채 흐르는 강의 얼굴

쇳물

흰 천 위에 스민 적막,
피를 닮은 쇳물이 천천히 흐른다

텅 빈 공간을 가로지르는
마지막 온기,
뜨겁던 흔적은 이내 식어
바닥에 눕는다

식지 않는 쇳물은
울음 대신 남겨진 말이 되어
무거운 시간을 녹인다

슬픔은 굳어 가도,
쇳물은 여전히 흐른다

몸을 떠난 그것은
이제 땅의 심장에 스며든다

풋복숭아

저 멀리 너를 처음 보았다
덜 익은 너는 푸른빛을 품고
바람에 흔들리고 있었다

너를 본 순간 내 마음은
햇볕에 물든 자두처럼 붉어지고
바람이 스치면 나의 숨결에서
싱그러운 향이 너에게로 번져 갔다

너는 아직 풋다
가장 달지 않은 순간에
나는 너를 두고 떠나야 했다

너는 여전히 나무에 매달린
내 서툰 그리움,

영원한 내 풋복숭아

2부

첫사랑,
별빛 아래 잠든 그리움

가슴에 스민 이름

우연히 스친 그 이름
바람결처럼 가볍게 지나가더니
어느새 내 마음 한 자락에 내려앉았다

한 번의 우연이 필연처럼 다가와
가슴 깊이 꽃잎처럼 피어났다

그 이름은 봄의 새싹처럼 여리고,
그리움의 빛깔로 자라났다

스침은 인연이 되었고
마침내 우리는 서로의 마음에 닿았다

따뜻하게 물든 서로의 이름,
그렇게 우리는 연인이 되었다

꽃비 아래서

꽃비가 내리던 날,
우리는 벚나무 아래 서 있었다
네 손에 담긴 꽃잎처럼
가벼웠던 약속 하나

떨어지던 꽃잎들은
시간의 숨결처럼 흩어지고,
너의 웃음도, 우리의 약속도
바람 속에 섞여 갔다

이제 꽃비가 내리면
나는 텅 빈 나무를 찾는다
허공에 맴돌다 사라지는 꽃잎들,
닿지 못한 말들처럼 흩어진다

노을이 지면
꽃잎들은 땅에 눕고,
그 위에 우리의 약속도
붉게 물들어 스며든다

꽃이 지는 순간,
기억만이 남아 흔들릴 뿐
내 마음 한구석에 여전히 피어 있는

너의 이름,
그것만은 지지 않으리라

첫사랑

봄이 입맞춤하듯 내려앉은 날,
하얀 장미 한 송이가 피었다
꽃잎마다 반짝이던 이슬,

바람결에 날릴 때마다
너의 미소가 스며들었다

그날, 너의 주변은 온통
눈부신 순간의 꽃밭이었고
나는 한가운데 서서
말없이 너를 바라보았다

떨어진 꽃잎 하나,
네 웃음 결에 걸려
내 가슴 깊이 내려앉았으나
잡으려 하면 멀어지던 너는
끝내 바람일 뿐이었다

꽃은 피고 지는 것이라지만

너는 내게 남아
지워지지 않는 봄이 되었다

첫사랑이란,
아무 말 없이도 피어나
조용히 스미는 것

그날의 꽃잎처럼,
너는 내 마음에 아직도
가만히 흔들리고 있다

향수

시간은 흘렀지만
그날의 향기만은 머물러 있다
떠난 발걸음 위로 쌓인 바람처럼,
우리는 각자의 길을 걸어간다

허공에 걸린 기억들은
빛바랜 옷자락처럼 스치지만,
가끔은 소용돌이처럼 일어나
묻어 둔 마음을 흔들곤 한다

잡히지 않는 것은 가벼운 바람이지만,
지워지지 않는 것은 그날의 향기였다

돌아보아도 손에 잡히지 않는 것들,
향기처럼 가벼워도
그 자리엔 여전히
네가 서 있다

나는 떠나야 했고

너는 그곳에 머물렀지만,
같은 하늘 아래 다른 바람으로
우리는 끝내 어긋났다

시간이 흐를수록,
그날의 향기만이 남아
우리를 이끌어 가리라

이제 우리는 스쳐 간 바람일 뿐이지만,
그날의 향기는 영원히 남아
나를 붙잡는다

흐르는 빈자리

고요히 비워 낸 자리,
그 안에 너의 그림자가
살며시 먼지처럼 내려앉았다

나무에 매달린 마지막 잎새처럼
그날, 나는 너의 가을을 붙잡으려
손끝을 떨었다

꽃잎처럼 부서지던 약속들,
숨결마다 너의 온기가 스며들던 날들

맑은 청주를 세우고
기억 위에 부어 보아도
너의 그림자는 잔잔히 흔들리다
결국 지워졌다

이제, 적막이 내려앉은 자리에
흐르는 것은 비바람도 아니고
너의 잃어버린 온기일 뿐

끝내 채우지 못한 바다 같은 마음에
남겨진 그리움의 물결이
고요히 퍼져 흐른다

텅 빈 잔을 내려놓으며 깨닫는다

사랑은 결국,
남겨진 자의 마음 위에
흐르다 사라지는
작은 흔적이라는 것을

별빛에 스민 밤

구름 틈새 새어 나온 별빛,
작은 그 빛조차
나를 두고 저 멀리 사라진다

별빛이 잠든 고요한 바다,
그곳을 가로지르는
한 마리 고래의 그림자

너를 등에 지고
끝없이 어둠을 헤치며 떠나는 길,
나는 바라보지만
별빛도, 고래도
돌아보지 않는다

이 밤의 심연 속에서
나만 남아 스며들고,
초라한 나를 잊어도 좋으니
빛없는 이곳에서
나 홀로 잠들어도 좋으리라

안개에 잠든 그리움

보랏빛 안개가 깔린 새벽,
그 너머 어딘가에 당신이 있을까
손끝 하나 스치면 닿을 듯,
그러나 안개는 자꾸만 당신을 감추네

향기처럼 번진 라일락 숨결을 따라
조용히 당신을 찾아 나서지만,
당신의 숨결은 안개 속에 숨어
발걸음 앞에서 흐려질 뿐

이제 나는 알았네
당신은 오직 꿈길에만 머물러
나를 기다린다는 것을

보랏빛 안개가 걷히지 않는 아침,
당신의 그리움은
끝내 깨어나지 않는
잠 속에 머무를 뿐이네

지워진 자취

벼린 날을 세워
백지 위에 흔적을 새기고,
남은 자는 지워질 뿐

맑은 손길에 닿아
그림자는 부서지고,
가벼운 허공만이 남는다

지워진 자취여,
흔적 없는 기록이여
떨구어 낸 마지막 가루조차
바람에 섞여 흩어질 뿐

무게를 잃은 상처는
침묵으로 덧나고,
기록된 모든 것은
결국 소멸될 뿐

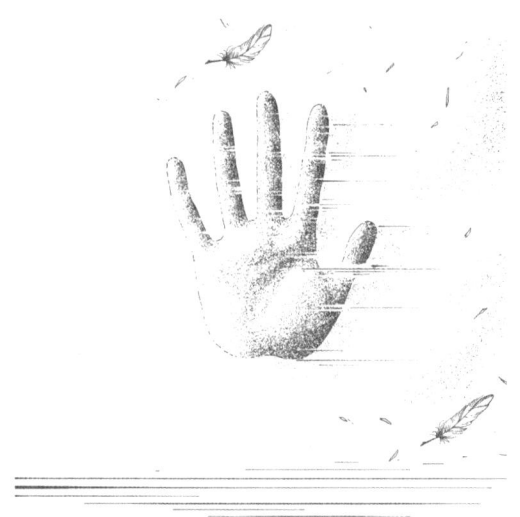

녹아 버린 기억

눈덩이를 굴리던 겨울,
너와 나는 웃음으로 쌓였다
손끝에 닿은 따스한 온기,
눈발 속에 빛나던 순간

하지만 시간은 무심히 흘러
눈덩이는 더 자라지 못하고,
녹아내린 기억들만
물웅덩이 되어 고인다

붙잡을 수 없던 너는
서서히 스며들고,
남은 건 겨울 끝자락에
차갑게 번지는 나의 그림자뿐

눈이 녹아 사라져도
그날의 온기는 아직,
마음 한편에 고요히 흘러간다

밤을 태운 약속

당신이 어둠에 잠길까 두려워
나는 나를 갈아 심장을 피웠다

한 자락 불꽃처럼 흔들리며
당신의 그림자를 감싸고
내 몸을 불태워 빛이 되었다

깊어지는 밤의 숨결에
당신은 그림자 속에 몸을 숨겼고,
나는 그 어둠을 막아 내려
한 줌의 타오름으로 버텼다

피어오르는 불꽃이
당신 눈가에 스치듯 맺히고,
나는 비로소 알았다
스러질지언정 꺼지지 않는 것이
사랑이라는 것을

다시 밤이 찾아온대도

나는 별빛 하나로 스며들어
가장 깊은 어둠 한가운데서도
당신을 지켜 내리라

내가 타오른다 해도
당신은 결코 어둠에 삼켜지지 않으리
한 사람의 불씨가,
누군가의 밤을 밝힌다는 것을

추억의 길

살랑이던 바람결에
네 웃음처럼 흩어지는 기억들

낡은 문턱을 넘어 흐르던 노래가
어느새 나를 불러 세운다

책장에 스친 손끝,

한때 머문 페이지마다
물어 있던 너의 흔적이
잉크처럼 번져 온다

발걸음을 옮길 때마다
기억은 한 겹, 또 한 겹
길 위에 내려앉아

우리의 시간이 그려진다

이 길은 너와 나의

추억이 흐르는 길이었다는 것을

너는 멀어졌어도,
그 시간은 여전히
바람을 따라 나를 부른다

꿈에

웃으며 네가 내게 다가오고

웃으며 나의 머리를 쓰다듬고

웃으며 나의 손을 잡아끌었다

꿈이었다,

내 곁에 머물던 너를
붙잡으려 애쓰던

덧없는 꿈

3부

오래된 기다림의 끝,
마당 아래 핀 눈물의 기억

끝없는 목마름

누군가를 기다려 본 적이 있는가
오지 않을 바닷가 등대 밑에서

파도 소리에 귀 기울이며
한없이 기다려 본 적이 있는가

누군가를 기다려 본 적이 있는가
오지 않을 산자락 끝머리에서

발끝에 힘을 주며
까치발로 바라보며 기다려 본 적이 있는가

오지 않을 걸 알면서도
놓아주지 못하는 이 마음,
가져 본 적이 있는가

오래된 기다림

세월 먼지 켜켜이 내려앉은
책상 위엔 숨이 깊다

희미한 글자들이 조심스레 깨어나
당신의 이름, 나의 이름을 묻는다

서랍 속 오래 잠든 약속들,
잊힌 일기장과 한숨의 종이들

오랜 세월 벗어난 바람이
시간을 휘감아 흔들린다

창틈으로 스며든 바람결,
나무처럼 기다리던 기억들아
긴 밤들은 얼마나 외로웠을까

흐린 시간 속에서도 선명한 흔적
서랍 깊이 잠든 약속 하나,

바람결에 흩날린 글귀는

손끝에 닿자 울음처럼 번진다
너는 나를 기다렸구나

고요한 책상에 내려앉은 세월이
검은 나를 품고 흐르고 있다

기다림은,
오래도록 목숨처럼 흐른다

흙 아래 시간

빛바랜 비석 앞에 서서
묵묵히 이름을 더듬었다

누군가 두고 간
말라붙은 꽃다발 하나,
한때의 애도가 바람결에 바스러지네

흙 아래는 아릴까
흔들리는 잡초는 기억할까

고요를 깨우는 새소리만이
묘지를 감싸고
나는 그의 영혼에 조용히 명복을 빈다

잠든 이의 긴 꿈은

끝없는 밤의 품속에서
말없이 흐르고 있을 뿐

두 손길의 흔적

가파른 언덕을 오르는 노인
리어카엔 파지로 가득하고
그 발걸음은 무게에 꺾인다

뒤에서 누군가는 조용히 밀어 주고
누군가는 바람처럼 흔적을 두고 간다

한 사람은 나를 일으켜 줘 고맙고
또 한 사람은 세상을 지켜 줘 고맙다

긴 세월을 지나고 보니
그때의 무거웠던 일들이

이제는 가벼운 먼지처럼 흩어지더라

희생

넘어졌던 해를 따라
묵묵한 발걸음이 땅을 적셨다
낡아 떨어진 신발 밑창 사이로
거칠고 갈라진 당신의 발바닥이 드러났다

그곳에 새겨진 깊은 상처들은
수많은 길을 걸으며 남긴
삶의 무게와 고단함의 흔적이었지
빛바랜 기억들이 피어나듯,

그 상처들은 붉게 물들어
마지막 발자국마다 조용히 흩어졌다

떠나가는 길 위로
붉은 꽃잎이 바람에 날리고,

당신의 희생은
어둠마저 피워 올린 빛이 되어
세상의 그림자를 거두었다

그렇게 당신은 묵묵히 걸어가고,
남은 자들은 당신의 뒷모습에
긴 여운의 꽃잎을 바칠 뿐이다

남겨진 길

나는 너를 두고
길 위에 섰다

발끝에 얹힌 이름,
바람에 쓸려도 지워지지 않는
무게를 짊어지고,
오늘도 걸어야 한다

너의 빈자리 위로
시간은 덮여 가지만
발걸음은 멈출 수 없다

아프더라도 가야 한다
남겨진 이들에게 길은
돌아갈 곳이 아니라
앞으로 나아가야 할 축복이기에

발바닥에 박힌 기억이
한 걸음씩 묵묵히 자라나

너와 나의 내일을 밟아 간다

시간이 새긴 얼굴

얼굴을 보라
시간이 그린 자취들이
고요히 새겨져 있다

이마의 주름은 풀지 못한 질문들,
눈가에 흐른 골은
웃음과 눈물이 지나간 길

흘러간 날들의 빛과 어둠,
말하지 못한 진실들이
묵묵히 얼굴에 남았다

입술은 사랑을 품기도 했고,
때론 상처를 남기는
칼날이 되기도 했다

얼굴은 시간이 남긴 풍경이자,
한 생의 고백을 담은
고요한 서사다

정조

꽃잎이 흘날리며 어깨를 스쳐도
나는 고요히 그 자리에 서 있었다
바람의 속삭임, 향기의 유혹에도
단 한 번 흔들리지 않았다

푸른 이파리가 가지마다 무성해도
계절이 생기를 덧칠해도
내 안의 고요는 더 깊어졌으니,
어쩌면 단단함은 나의 방패였다

그러나 앙상한 가지 끝에 피어난 너,
그 한 송이 꽃이 나를 불러 세울 때
마음 깊이 숨겨둔 흔들림이
조용히 나를 흔들기 시작했다

보이지 않는 뿌리로
대지 깊숙이 나를 감싸 안고
그 무게마저 끌어안은 채
입술을 꾹 깨물며 서 있었지만,

결국 나만은 알고 있었다

겉은 고요했으나
속은 이미 출렁이고 있었다는 것을

흔들리지 않았다 말하겠으나,

사실 나는 너를 마주한 순간
스스로를 잃고 있었다는 것을

먹색 너머의 기억

검은 물감이 번진 종이 위에
희미하게 떠오르는 하얗던 우리들

덧칠한 세월의 먹빛을
손끝으로 더듬으면,
흐르는 물결 따라 묻힌 마음이
조용히 흘러내린다

서서히 벗겨지는 어둠의 층,
그 너머로 숨 쉬는
무지갯빛 기억의 조각들

먹색을 지우면 비로소 들린다
오래 잠든 우리의 이야기,
빛으로 번져 가는 그날의 숨결

마당에 핀 눈물

당신, 얼마나 울었기에
마당이 이리 축축이 젖었소

내 눈물 한 방울 보태면
당신의 슬픔이 번져 갈까 두려워
미어진 가슴을 꾹 부여잡고
애써 울음을 눌러 보오

이른 해가 치솟으면,
당신의 눈물방울이 햇빛에 부서져
마당에 수없이 맺히네

울지 마오, 그대여
마당이 당신의 눈물로
젖어든 회색빛 이끼처럼 번질까 두렵소
온 세상이 그대의 서러움에 물들어
끝내 마르지 않을까 두렵소

4부

밤의 허를 가로지르는
풀리지 않는 이야기

마음을 다해 흐르다

내어 줄 것은 이것뿐이니
나를 베어, 흐르게 하라
맑은 눈물 한 방울에
내 마음의 전부를 실어 보낸다

마지막 물결은
그대 뺨에 내려앉아
입술 끝에 잠시 머무르다
조용히 사라지리라

한 번쯤 하늘을 보라,
푸른 나의 그리움이
그대 눈에 새겨져
지워지지 않기를

흐르고 흐른다,
남아 있는 것이라곤

이 물결에 담긴

한순간의 떨림뿐

그것으로 충분하다

풀리지 않는 멜로디

눈을 감아요
흐르는 시간의 멜로디
되돌릴 수 없는 선율이며
애달파 말아요

다시 눈을 감아요
누군가의 가슴에 스며든 꽃잎처럼
흔들리며 물어 두는 선택조차
사랑의 법이니까

당신은 누군가에겐 첫 햇살의 설렘
누군가에겐 지울 수 없는 꽃의 흔적

영원히 묶인 줄을 풀어내며
손끝조차 아끼지 말아요

머문 채 남은 실타래처럼
풀리지 못해 애태워도
그 잔잔한 멜로디는 흐르며

마음 한편에 닿을 거예요

그저 나의 아비였을 뿐

여섯 자견이
정신없이 마당을 뛰어다닌다
누군가는 황태를 물어 가고,
누군가는 남겨진 잔반을 핥아먹는다

그 틈에, 마당 구석 한편
흰 털에 얼굴을 묻은 백구 한 마리
갈비뼈 여섯 대가
가냘프게 흰 털 사이로 드러난다

배고픔에 기어 나온 그 앞에
어미는 조용히 선다
아비 몰래 뒤편에서 먹이는
사료 몇 조각,
그것마저 눈치로 나누어 주고 돌아선다

나는 잊지 않소
배고픔마저 체념한 눈빛,
어미의 숨죽인 손길을

그저 나의 아비였을 뿐,
주린 사랑이 뼈처럼 남아
아무 말 없이 흩어져 버린,

그 시절의 풍경을

새의 침묵

너의 흐트러짐 없는
검은 날갯짓에
나는 침묵하리

너의 작은 깃털 하나
내 등 뒤에 박혀
아픈 줄도 모른 채
나는 침묵하리

나의 작은 날갯짓에
너의 깃털 파고들어
날개가 붉게 물들어도

영원히 침묵하리

뱀의 혀

뱀은 혀를 내밀며 속삭인다
부드럽게 갈라진 말끝에
독이 스며들어 퍼진다

믿음 사이를 비집고
의심이 자라나고,
소문은 어둠처럼 번져
마음에 작은 틈을 낸다

그 혀끝의 말은
한 번 뿌려지면 사라지지 않고
깨어진 신뢰의 잔해들만
상처처럼 남는다

말은 허공에 흩어져도
그 그림자는 깊게 새겨져
돌아보지 못할 어둠으로
끝내 마음을 무너뜨린다

애련

그곳에선 잘 지내시오
여기 나는 여전히,
당신의 흔적을 삼키며 살아가오

당신이 남긴 옷은
냄새마저 지워질까 두려워
접지도 못한 채 두고,
옥비녀 하나만 손끝에 맴돌고 있소

당신의 자리는 비어 있어도
구름처럼 가볍지 않아,
숨을 쉴 때마다 가슴을 눌러오네

천사 같던 당신의 얼굴,
눈을 감으면 더욱 선명해서
목을 조이듯 나를 붙잡소

이리도 무겁게 남은 그리움이여,
당신이 없는 나의 세상은

텅 빈 공기조차 아프고,
걸음을 떼는 일조차 고통이오

부디 그곳에선 잊지 마오

나는 오늘도 당신을 향해
천천히, 반드시 가고 있소

지우개

모난 나의 모서리는
너의 지친 하루를 지우며
조용히 닳아 무너져 갔다

너의 작은 한숨과 흘린 눈빛,
그 위에 남은 흔적을 지우면서
나는 어느새 가벼워져만 갔다

하얗던 살갗엔 새겨진 상처,
붉게 스며드는 쓰라림 속에서도
나는 네 손끝에서 묵묵히 견뎠다

내 어깨에 내려앉은 무게를 덜어 내고 싶었지만,
결국 한 줌 조각이 되어
너의 빈 종이를 채우는 일이
나의 마지막 역할이리라

모두가 지워져도,
흔적을 남긴 것은 너의 손길뿐이었다

비록 세상의 귀퉁이에서
잊히고 버려진다 해도
나는 후회하지 않으리라

끝내 가루가 되어 바람에 날릴지라도,
너의 삶에 단 한 줄의 자리를 남겼다는

그 사실 하나로
나는 온전한 존재였으리라

가면의 틈

웃음을 그린 가면 아래
너의 얼굴은 울고 있었다
곡선으로 새긴 미소 끝에
숨겨 둔 눈물이 번졌으니

틈새로 새어 나오는 한숨,
말끝에 절린 떨림조차
누군가 눈치챌까 두려워
너는 가면을 고쳐 썼다

그러나 기억하라,

너를 덮은 가면이
네 진실까지 가릴 순 없으니

한 번쯤 가면을 벗어라
흐린 빛이 너를 삼켜도 좋다

그 순간, 너의 진짜 얼굴이

세상을 향해 숨을 쉬리라

빛은 거칠고 낯설겠지만
그 안에는 네가 있다
벗어 낸 가면 뒤에 남은
너의 고백이,

마침내 너를 살게 하리라

나만 남은 그림자

벤치에 앉아 바다를 본다
흘러가는 사람들의 그림자,
하늘을 가르는 새들의 그림자,
그러나 나의 그림자는
발밑에 묶여 있다

너의 그림자만이 보이질 않는다

바람이 훔쳐 갔을까,
구름이 삼켜 버렸을까
시간의 틈 어디쯤에
감춰져 버렸을까

텅 빈 이곳에
남은 것은 나뿐
한 점 그림자처럼
묶여 있을 뿐이다

붉은 안개꽃

흰 안개꽃 같던 사람이
저무는 숨결로 스러지던 날,
그 자리에 번진 붉음은
그의 마지막 목소리였다

바람은 꽃잎을 흔들며
흩날리는 흰빛을 덮었고,

세상은 그제야 알았다
죽음은 지워지는 것이 아니라
다른 빛으로 피어난다는 것을

흰빛으로 살다 간 사람,

그의 흔적은 붉은 안개꽃이 되어
바람 따라 흩어지며
끝내 사라지지 않는 불씨로 남았다

어둠을 뚫고 피어난 붉음은

그의 이름 대신
세상을 물들이며 말한다

스러진 꽃이여,
너의 붉음은 영원히 피어나리라

5부

바다의 기억,
별의 흔적

꽃게의 인생

짠 바다를 품은 몸,
바닷속 깊이 숨죽여 누워
모래에 스민 어둠과 잠이 들었다

물이 빠지면 드러나는 삶,
누군가의 손에 이끌려
저녁상에 나부끼는 살점,
고요히 바다를 잊는다

짠 내를 내어 주어도
기쁨이 된다면
꽃게는 그저 삶을 다해
바다의 기억을 건네리라

짠 바다의 흔적처럼,
한 생은 물결처럼 흘러가네

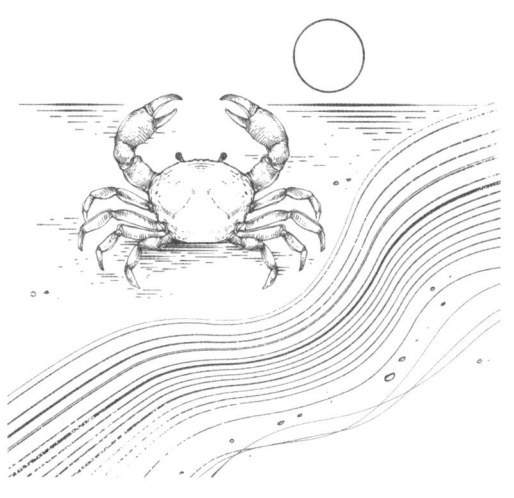

빛을 삼킨 그물

어둠 속 그물에 걸린
별빛 하나,
조용히 반짝이며 떨었다

거미는 그 빛을 품으려
촘촘히 실을 엮었다
더 단단하게, 더 깊이
빛을 가두려 애썼다

그러나 빛은 지쳐 가고,
숨이 막힌 별은
희미하게 스러졌다

그제야 거미는 알았다
너무 꼭 품은 사랑은
빛을 잃고 마는 것을

우리는 보이지 않는 실로,

서로의 온기를 엮지만
그저 가벼운 숨결이어야 한다는 것을

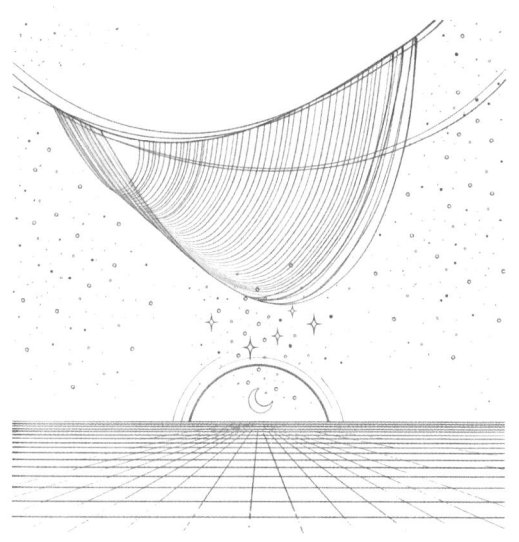

행복의 흔적들

창가에 내린 커피 향,
잔 위에 피어오른 따뜻한 숨결
작은 온기가
하루의 문을 연다

골목길을 스치는 바람,
꽃집 앞 은은한 향기 속에서
기억의 계절이
잠시 머문다

친구와 나눈 시답잖은 농담,
테이블 위에 번진 웃음의 흔들림
그 작은 파문 속에
마음의 평화가 깃든다

퇴근길 버스 창가에 내린 노을,
세상이 잠들 듯 붉게 물들 때
작은 쉼표 하나를
발견한다

주머니 속 동전 하나,
겨울 끝에 맛본 따뜻한 햇살
소소한 순간들이 모여
삶은 반짝이는 보물이 된다

바쁘게 흐른 하루를 돌아보면,

신이 남긴 작은 보물들이
우리가 지나온 길마다
조용히 자라고 있다

눈물에 지워진 말

네가 남긴 문장들은
바람에 흩어져 가고
노을 등진 채 나는
너를 붙잡지 않았다

눈물로 흐려진 시선 끝에
단어들이 흐트러지고
그리움마저
한 줌 재처럼 날렸다

사랑이었으나,
마지막엔 이름조차 지워지고
너의 흔적은
노을빛 눈물에 스며들었다

남은 건
저문 하늘에 번지는
붉고 고요한 흔적뿐

마음의 귀

눈을 감으면 들리지 않는 소리,

세상은 요란하게 울어 대고
나는 벙어리의 마음이 되어 간다

누군가 부르던 오래된 노래도,
창가를 스친 바람의 속삭임도,
기억은 조용히 묻혀 간다

소리의 파편들만 남아
쉴 새 없이 부딪히는데

정작, 마음은 아무것도 듣지 못한다

사랑한다던 말, 미안하다던 말,
세상 속에 묻혀
갈라진 메아리로 돌아올 뿐

눈을 감고 귀를 열면,

비로소 들려오는 것들
고요 속에 남은 나의 소리,
잃어버린 목소리의 그림자들

세상은 날카롭고 무겁지만,
묵묵한 마음만이

홀로, 끝없는 침묵을 듣고 있다

떠나간 날갯짓

산자락 아래,
고요히 흐르던 냇물 위에
정적이 내려앉는다

그 정적을 깨며
꾀꼬리 두 마리,
노랑과 초록을 섞어
한 쌍의 날갯짓으로 멀어져 간다

다시 찾아온 냇가의 고요

나는 나뭇잎 하나를 띄워 보내며
멀어져 가는 날갯짓을 따라 보내

같이 웃던 순간의 정적,
이제는 흘러가는 물결처럼
그리움만을 남기고 흐른다

노을빛 연서

저녁 하늘 붉게 물들면
물결 따라 그리움 실려 오네
가을바람의 품에 기대어
당신의 그림자가 내려앉는다

마음 깊이 번지는 노을,
한 걸음, 조용히 밟아 가는 추억들
어스름에 젖은 햇살은
서서히 타오르는 연서 한 장

당신에게 닿기를,
이 바람 끝 어디에선가
멀리멀리 닿기를

이지선(시인)

/

지서희 시인의
「꽃이 지는 동안 우리는」
낭만의 시대를 다시 열다

지서희 시인의 「꽃이 지는 동안 우리는」

낭만의 시대를
다시 열다

 낭만이란 무엇일까? 낭만주의가 발현된 이후 우리가 사랑하는 괴테(1749-1832)의 《젊은 베르테르의 슬픔》은 그 시대의 파격적인 작품으로 다가왔다. 괴테 자신이 언제나 젊은 베르테르의 슬픔 작가로만 기억한다는 토로를 할 정도로 유명세와 인기는 대단했다.

 억압받던 시절의 감각과 감정을 열어 주었다는 부분에서의 주목받았다. 지서희 시인은 자연과 사랑에 대한 경험과 감정을 섬세하게 표현함으로써 자연의 이미지와 서정적 언어를 활용하여 내면의 성찰을 이루는 한편의 교향곡 같은 시를 쓰고 있다.

이렇게 작품 전체적으로 이러한 낭만적 요소를 현대적으로 재해석하여 독창적으로 풀어낸 시인의 노래는 낭만주의의 대표적 작가 윌리엄 워즈워스(William Wordsworth)의 자연 묘사와 유사한 방식으로 독자의 감정을 자극한다.

감정을 중요시하며 주관적 경험을 예술로 승화하는 데 집중했고 본 작품에서는 "흐르는 빈자리", "가슴에 스민 이름"과 같은 시편들이 개인적 고독과 사랑, 그리움을 세밀히 탐구한다. 특히 "첫사랑"에서의 서정적 표현과 "향수"에서의 지나간 날들에 대한 회상은 낭만주의의 정수를 현대적 시선으로 계승한 예로 볼 수 있다. 지서희 시인만의 낭만을 자신의 시선으로 풀어내는 시도였다.

시인은 낭만주의의 철학과 정서를 현대적으로 재해석하며, 자연과 인간의 조화, 내면의 고백, 그리고 영원의 추구라는 주제를 시적 언어로 심도 있게 탐구한다. 낭만주의 전통에 뿌리를 두고 있으나, 현대적 감각과 섬세함으로 차별화된 감동을 선사하며, 독자에게 사색과 치유의 순간을 제공한다.

1. 자연을 읽는다

시집에는 자연에 대한 사색이 매우 심도 있게 드러난다. 강, 고래, 햇살의 자연적 상관물이 시각적 이미지와 결합하여 연분홍 언덕, 산자락의 붉은 입술 등으로 표현되는 부분이 매우 감각적이다. 각 시는 마치 한 폭의 그림처럼 생생하고 정교하게 표현되며, 독자가 시어를 통해 자연과 감정의 교감을 느끼게 한다.

또한 자연의 은유를 통하여 생명력과 흐름을 아름답게 표현하고 있는 시인의 서정적 묘사력은 매우 뛰어나다. 또한 〈강의 두 얼굴〉, 〈썻물〉에서 표현되고 있는 상반된 감정과 이중성이 흥미롭게 묘사되고 있다.

> 노인은 물 위에 노를 저으며
> 한 줌 희망을 강에 띄웠다
> 물결은 그 노력을 품어 안아

먼 어딘가로 실어 나른다

하지만 강둑에 선 누군가는
절망을 움켜쥔 손을 펴며
강물에 조용히 던진다
그 무게를 이기지 못한 강은
잠시나마 깊게 가라앉는다

강은 흐르지만,
희망과 절망은 같은 물결 위에서
서로 다른 그림자를 남긴다

노인이 띄운 희망은 끝없이 퍼져가고
누군가의 절망은 강물 속 깊이 가라앉아
물결 하나하나에 이야기를 새긴다

한쪽은 살기 위해 노를 젓고
한쪽은 지우기 위해 던진다.
그러나 강은 모든 것을 담아
묵묵히 흘러갈 뿐이다.

강물은 흔적을 지우듯 흐르지만,
그 위엔 여전히 남아있다.

희망의 잔상과 절망의 무게가
끝없이 얽힌 채 흐르는 강의 얼굴

- 강의 두 얼굴

  희망과 절망이라는 상반된 정서가 '강'이라는 자연적 요소로 표현되고 있다. 작품은 시각적, 상징적 이미지를 통해 삶의 다양한 측면을 보여 준다. 같은 상황이나 환경 속에서도 노인은 물 위에 한 줌 희망을 띄우며 능동적인 자세를 보여 준다. 인간의 의지적인 모습이 인상적이다. 특히 물결 하나하나에 이야기를 새긴다는 표현에서 강은 단순한 자연물이 아니라 인간의 감정을 담은 살아 있는 존재로 느껴진다.

  윌리엄 워즈워스는 "시인이란 인간의 본성을 지키는 바위 같은 존재"라고 말한 바 있다. 인간이 가진 순수한 본성을 강조하는 그의 시처럼 지서희 시인은 자연적 상관물을 관찰하며 인간의 내면적인 감정을 순수하게 드러내고 있다.

앙상한 나뭇가지 위
하얀 눈꽃이 피어날 때
모두는 그 하늘만 바라본다

산자락 그늘진 틈새에
붉은 꽃 하나
살며시 입술을 열어
조용히 땅을 적신다

다가서면 터지는 온기
흙 위로 떨구는 생의 고백

눈 속에 숨었다 다시 피는
붉은 심장
꺼지지 않는 작은 생의
맹렬한 외침이리라

- 산자락의 붉은 입술

   시인은 이처럼 자연의 아름다움을 서정적으로 노래한다. 시에 드러난 겨울 풍경은 고요함과 죽음 같은 정적을 보여 주지만 눈 속에 숨은 붉은 생명력의 외침을 품고 있다. 이러한 생명의 온기와 의지를 시인은 비유적(의인화) 표현을 통해 더욱 생생하게 전달하고 있다.

특히 시집 전체에 흐르고 있는 감각적 표현은 회화적인 완성미를 더한다. 이런 부분은 시인이 가지고 있는 개성이며 다른 시와는 다른 색채 미가 가미되어 더욱 감각적인 감상이 가능하다.

즉, 시인은 자연을 읽는 방법에 대해 상세하게 설명하고 있는 설명서를 보여 주는 느낌이다. 마치 새로운 자연을 보여 주듯 오롯이 여러 감각으로 느낄 방법들을 나열하며 아름다움의 깊이를 더한다. 이는 시인이 말하는 붉은 심장이며 꺼지지 않는 작은 생의 맹렬한 외침이다.

2. 사람을 읽는다

인간의 감정을 가장 중요한 표현 대상으로 여기고 있는 낭만주의 시들에서는 감정이 섬세하고 아름답게 표현된다. 시인의 시는 이러한 감정과 상상력을 투영하는 거울 같은 역할의 자연을 모티브로 감정과 내러티브의 일부로 보인다.

또한 초월적인 상상력을 통해 감정의 깊이를 확장한다. 〈밤을 태운 약속〉, 〈별빛에 스민 밤〉에 드러난 상상력은 시집의 중요한 포인트다. 또한 언어의 풍부한 비유와 상징을 통해 구체적 감정의 전달은 지서희 시인의 큰 장점이라고 할 수 있다.

시인은 감정의 우위, 자연과의 조화, 이상화된 사랑, 덧없음의 미학, 풍부한 상상력을 통해 감정과 경험을 탐구하고 사랑과 추억, 그리움이라는 주제를 시각적이고 서정적으로 풀어내며, 독자들에게 깊은 공감을 불러일으킨다.

> 봄이 입맞춤하듯 내려앉은 날
> 하얀 장미 한 송이가 피었다
> 꽃잎마다 반짝이던 이슬
> 바람결에 날릴 때마다
> 너의 미소가 스며들었다
>
> 그날, 너의 주변은 온통
> 눈부신 순간의 꽃밭이었고
> 나는 한가운데 서서

말없이 너를 바라보았다

떨어진 꽃잎 하나
네 웃음결에 걸려
내 가슴 깊이 내려앉았으나
잡으려 하면 멀어지던 너는
끝내 바람일 뿐이었다

꽃은 피고 지는 것이라지만
너는 내게 남아
지워지지 않는 봄이 되었다

첫사랑이란
아무 말 없이도 피어나
조용히 스며드는 것

그날의 꽃잎처럼
너는 내 마음에 아직도
가만히 흔들리고 있다

- 첫사랑

시인은 봄과 꽃, 바람이라는 자연에서 첫사랑

을 본다. 시인이 바라보는 자연은 단순한 배경에서 벗어나 정서적 교감의 장이며 내면의 출구다.

또한 자연에서의 순수함을 추구하는 시인의 시선이 깊다. 주관적 정서 표현이라는 낭만주의 핵심 요소가 잘 드러나며, 그것에 더하여 시인의 이상적이고 초월적인 사랑의 표현이 매우 섬세한 스케치처럼 그려지고 있다.

이루어질 수 없는 비극적인 감정을 애틋한 아름다움으로 신비롭게 표현한 감각적 묘사가 시의 낭만을 더하고 있다.

구름 틈새 새어 나온 별빛
작은 그 빛조차
나를 두고 저 멀리 사라진다

별빛이 잠든 고요한 바다
그곳을 가로지르는
한 마리 고래의 그림자

너를 등에 지고

끝없이 어둠을 헤치며 떠나는 길
나는 바라보지만
별빛도, 고래도
돌아보지 않는다

이 밤의 심연 속에서
나만 남아 스며들고
초라한 나를 잊어도 좋으니
빛 없는 이곳에서
나 홀로 잠들어도 좋으리라

- 별빛에 스민 밤

별빛에 스민 밤에서도 시인은 주관적 경험을 통해 보편적 정서를 전달한다. 또한 현재의 정서에 지속적으로 영향을 미치는 커다란 감정적 결과를 봄이라는 순환적 이미지를 사용하는 아름다운 비유적 표현을 완성한다.

이런 듯 시에서 내적 탐구와 감정의 지속성에 대한 시인의 고뇌가 잘 드러난다. 시인의 시선은 시에서 굉장히 중요하다. 시의 전체적인 묘사에서 드러날 수 있는 정서는 시인의 시선이 머무는 곳이다. 시인의 시선은 주로 별빛과 바다의 이미지에 머무른다. 이것을 통해 순수와 사랑을 간직하고 있는 화자의 시적 주제를 완성하고 시적 정서가 부각된다.

3. 자연과 사람에 대한 새로운 관점

시인은 자연에 사람의 내면을 투영하여 새로운 심상을 만드는 부분에 탁월하다. 이는 자연의 고유한 독립성과 인간이 만들어 낸 상징성이 자연스럽게 융화된다. 고유의 존재감이 서로 상충하지 않은 교집합과 새로운 이미지를 끄집어내는 시인의 시선은 날카롭고 선명하다.

자연에 대한 많은 시들의 접점에서 시인 자신의 고유성을 드러내는 일은 꽤 어려운 일이다. 이러한 점에서 지서희 시인은 매우 놀라운 관찰력과 집중력을 보여준다. 그리고 시인은 이러한 관찰력을 바탕으로 삶에 대한 깊은 고찰을 시작한다.

꽃잎이 흩날리며 어깨를 스쳐도

나는 고요히 그 자리에 서 있었다
바람의 속삭임, 향기의 유혹에도
단 한 번 흔들리지 않았다

푸른 이파리가 가지마다 무성해도
계절이 생기를 덧칠해도
내 안의 고요는 더 깊어졌으니
어쩌면 단단함은 나의 방패였다

그러나 앙상한 가지 끝에 피어난 너
그 한 송이 꽃이 나를 불러 세울 때
마음 깊이 숨겨둔 흔들림이
조용히 나를 흔들기 시작했다

보이지 않는 뿌리로
대지 깊숙이 나를 감싸 안고
그 무게마저 끌어안은 채
입술을 꾹 깨물며 서 있었지만
결국 나만은 알고 있었다

겉은 고요했으나
속은 이미 출렁이고 있었다는 것을

흔들리지 않았다 말하겠으나

사실 나는 너를 마주한 순간

스스로를 잃고 있었다는 것을

― 정조

〈정조〉라는 시에서 보이는 내면의 흔들림과 감정을 억제하는 화자의 태도는 깊은 울림을 준다. 전체적으로 보이는 시인의 매개체인 꽃잎, 바람(자연적 요소)에 투영되는 내면적 갈등을 드러내는 감정의 폭발적 구조가 더 독자들이 공감할 수 있는 요소가 되었다. 특히 낭만주의에서는 흔들림이나 동요가 인간 존재의 정수로 여겨지지만, 이 시는 그것을 화자가 억제하려 노력하는 모습을 통해 더 복잡한 정서를 드러낸다.

이는 낭만주의의 자유와 대비되는 현대적 이성과 자기 통제의 흔적이라 할 수 있다. 이러한 부분에서 현대적 내면성에 대한 시인만의 고찰이 더욱 감각적으로 느낄 수 있는 포인트가 되었다.

이러한 내면의 고백과 갈등이 철학의 첫 숨이

라고 말하고 있는 시인은 4부에서 자신의 고백적 어조가 눈에 띄는 많은 시를 보여 준다.

〈그저 나의 아비였을 뿐〉, 〈애련〉, 〈붉은 안개꽃〉 등에서 시인의 고백은 무척 솔직하고 강한 자아를 보여 준다. 시인의 담은 늘 현재에 대한 부정이 아닌 수용적 자세로 미래를 바라보고 있다. 받아들임은 성장으로 이어지며 성찰의 시간을 부른다. 이러한 성찰은 시인이 말하고 있는 철학의 첫 숨이며 시작이다.

"검토되지 않은 삶은 살 가치가 없다."라는 소크라테스의 내면적 성찰의 중요성을 이야기하듯 자신의 성찰로 이어지는 깊은 관찰력은 시인이 가지고 있는 가장 큰 힘이다.

이처럼 시인은 공간과 시간을 뛰어넘는 가장 영원하고 연속적인 아름다움을 잡아서 순간순간을 사진처럼 찍어 낸다.

창가에 내린 커피 향
잔 위에 피어오른 따뜻한 숨결

작은 온기가
하루의 문을 연다

골목길을 스치는 바람
꽃집 앞 은은한 향기 속에서
기억의 계절이
잠시 머문다

친구와 나눈 시답잖은 농담
테이블 위에 번진 웃음의 흔들림
그 작은 파문 속에
마음의 평화가 깃든다

퇴근길 버스 창가에 내린 노을
세상이 잠들 듯 붉게 물들 때
작은 쉼표 하나를
발견한다

주머니 속 동전 하나,
겨울 끝에 맛본 따뜻한 햇살
소소한 순간들이 모여
삶은 반짝이는 보물이 된다

바쁘게 흐른 하루를 돌아보면
신이 남긴 작은 보물들이
우리가 지나온 길마다
조용히 자라고 있다

- 행복의 흔적들

  시인은 자연의 경이로움에서 벗어나 일상적 순간에 주목하며, 본질적 가치를 추구하는 시인의 자아를 드러낸다.

  또한 소소한 순간에서 내면의 고요와 평화를 발견하며 자연스러운 낭만성을 탐구하는 시인은 감각적 경험을 재해석하여 섬세한 묘사력을 보여준다. 철학적 사유의 숲에 들어선 시인의 감각은 보물을 가장 소소한 순간들로 발견하며 행복의 흔적을 찾고 있다. 퇴근길 버스 창가에 내린 노을과 주머니 속 동전 하나에 삶의 가치를 생각하는 시인은 보편적 인간 경험의 하나하나를 나열하며 일상의 연속성 상에서 가치를 꺼낸다.

  시인은 말하고 있다. 가치와 아름다운 연속성

의 세계를 이렇게 가장 아름다운 감각으로 표현하며 새로운 관점을 제시하고, 새로운 일상을 힘주어 말하고 있다.

4. 낭만의 새로운 얼굴

지서희 시인은 자연과 인간, 일상과 감정을 정교하게 엮어내며 낭만주의의 정수를 현대적 언어로 새롭게 노래하고 있다. 그녀의 시는 단순히 과거의 낭만주의를 재현하는 데 그치지 않고, 섬세한 관찰력과 내면적 성찰을 통해 자연과 일상의 본질적 가치를 탐구하며 독자들에게 새로운 관점을 제시한다.

희망과 절망, 사랑과 그리움, 그리고 소소한 일상의 순간들에 스며든 감정은 그녀의 시 속에서 강렬한 이미지를 띠며, 독자들로 하여금 자신만의 이야기를 떠올리게 만든다. 이는 낭만주의가 지향했던 감정의 진실성을 계승하며, 동시에 현대적 시선으로 삶의 보편적 아름다움을 탐구하는 시인의 독창성을 보여 준다.

시인의 시는 거대한 자연을 배경으로 하지 않아도, 일상의 작은 순간들 속에서 빛나는 낭만성을 찾아낸다. 이는 곧 인간과 자연, 그리고 일상에서 발견되는 행복의 흔적들을 독자들에게 선물하며, 시를 읽는 이들에게 깊은 감동과 사색의 여운을 남긴다. 커피잔 위로 피어오르는 따뜻한 김, 퇴근길 노을 속 쉼표 같은 시간, 주머니 속 동전 하나의 따스함처럼 작고 소박한 순간들에 담긴 낭만을 조명한다. 이러한 일상 속 낭만은 현대인이 잊기 쉬운 행복의 흔적을 되찾아 주는 역할을 할 것이다.

또한 과거와 현재를 이어 주며, 우리의 일상에 숨어 있는 낭만의 가능성을 일깨우는 강렬한 울림이자, 삶의 아름다움을 찬미하는 새로운 낭만의 시대를 열고 있다. 시인의 시를 통해 우리는 오늘의 순간 속에서, 그리고 우리 곁의 자연과 관계 속에서 더 많은 의미와 가치를 발견하게 될 것이다.

이처럼 시인은 깊은 통찰력과 사유 그리고 관찰력을 통해 시의 아름다움을 더하고 시의 세상에 진한 향기를 피워 냈다.

문학고을_이지선 시인